I0261844

À Marie, Sylvie, Emilie, Charbel, et Joséphine, ma famille adorée.

For Marie, Sylvie, Emilie, Charbel, and Joséphine, my adored
family.

Les Bijoux des Etats Unis d'Amérique
Fascicule 1: VIVE les ETATS UNIS d'AMERIQUE

The Gems from the United States of America
Installment 1 : LONG LIVE the UNITED STATES of AMERICA

Tous droits de traduction et de reproduction réservés pour tous pays,
All rights of translation and reproduction for all
countries reserved.

LES EDITIONS BLEUES

ISBN :2-913771-01-7

(Agence francophone pour la numérotation internationale du livre)

Printed by CreateSpace, An Amazon.com Company

ISBN 10: 2913771017
ISBN 13: 9782913771017

Préface

Considérons l'espoir de renaissance à la richesse, la prospérite, la jeunesse et la vie éternelles prôné par la Pensée authentique de Moè Messavussu.

Admettons que l'exercice à titre exclusif, ou primordial de la profession providentielle d'Ecrivain-Editeur pour Moè Messavussu, lui assure le "Bonheur absolu" que lui promet la Providence.

Admettons que le Pouvoir Royal Céleste inné à Moè Messavussu, est justement décrit par ladite aptitude professionnelle providentielle propre à celui-ci.

Admettons que la tenue réguliere de Causeries-Débats ou conférences internationales basées sur les thèmes developpés et illustrés dans les "Fascicules d'Enseignement de la Poésie fonctionnelle" performe la "Compagnie de Dieu" ou le "Peuple Céleste de Moè Messavussu".

Admettons que la vente à vil prix des "Fascicules d'Enseignement de la Poésie Fonctionnelle" par la "Compagnie d'édition Royale Céleste" les "ÉDITIONS BLEUES", constitue le moyen naturel pur pour Moè Messavussu de vivre simplement de son travail Royal Céleste providentiel.

Il en résulte le raisonnement qui suit:

Premièrement, l'ensemble des moyens de subsistence personnels de Moe Messavussu qu' il aurait absolument investi dans la mise au point, l'impression et la diffusion de l'ensemble des

"Fascicules d' Enseignement de la Poesie Fonctionnelle", est restitué à celui - ci sous forme de revenus salariaux "Royaux Celestes" pour l' Eternité.

Deuxièmement, tous ceux et celles qui aiment Moè Mesavussu sans connaître son identité réelle Céleste absolument énigmatique, constitue l'"Humanité Immortelle" ou le "Peuple Céleste de DIEU le Tout - Puissant".

Troisièmement, l'Esprit du Mal en personne qui aurait été pulvérisé par l'Energie vitale de Moè Messavussu dans les années 1988-1989, n'a décidément pas fini de "dire son dernier mot" à travers l'"Humanité maudite" ou la "Communauté des virus parlants incarnés", puisque la misère, les maladies et la mort subsistent au monde.

Quatrièmement, l'homme ou la femme croyant en la "Poésie fonctionnelle" comme la Pensée authentique de DIEU le "Créateur et Roi règnant du Monde des Mondes des Cieux", a la Vie Éternelle et le 'Bonheur Absolu", en chair et en os, conformément aux "Prophéties" de Moè Messavussu.

Cinquiemement, DIEU à présent connu sous ses traits authentiques, ceux de Moè Messavussu, entend demeurer pour l'Eternité en vie, entouré de son "Peuple Céleste".

Foreword

Considering that the rebirth's hope to wealth, Prosperity, eternal youth and life, advocated by Moè Messavussu genuine Thought.

Supposing that the execution exclusively of the providential occupation of Writer - Publisher for Moè Messavussu, secure this one the Uncompromising Happiness that the Providence promises him.

Supposing that the Royal Heavenly Power innate to Moè Messavussu, is exactly described by the providential and professional ability peculiar to this one, said.

Supposing that the regular holding of talks - Debates or international lectures based on the thesis developed and illustrated in the "lesson's Installments of the functional Poetry", will create the " Company of God " or " Heavenly People of Moè Messavussu ".

Supposing that the sale of the lesson's Installments of the functional Poetry at reduced price by the Royal Heavenly Edition Company THE BLUE EDITIONS, constitutes the naturalness way for Moè Messavussu to live his Royal Heavenly providential Work.

As a result, the following reasoning :
First, all of the personal means of subsistence of Moè Messavussu that he absolutely invested

in the finalizing, printing, and distribution of the whole "lessons' Installments of the functional Poetry", are refunded forever to this one in the form of Royal Heavenly wage incomes.

Secondly, all the ones who love Moè Messavussu without knowing his real Heavenly identity, absolutely enigmatic, constitutes the "Heavenly People of God the Almighty".

Thirdly, the Evil in person that was pulverized by the vital energy of Moè Messavussu in 1988, do not really eventually have his last say through the " damned humanity " or " Community of Talking Viruses in flesh ", since poverty, illnesses, and death remain in the world.

Fourthly, the man or woman who believe that the functional Poetry is the genuine Thought of God, the Creator and reigning King of the World of the Heavenly Worlds, has the Eternal Life and Absolute Happiness in accordance with Moè Messavussu Prophecies.

Fifthly, God known now from his genuine features, the ones of Moè Messavussu, intends to live forever, surrounded by his children.

Le Mot des EDITIONS BLEUES

Nous pensons sincèrement que les EDITIONS BLEUES, sommées de faire paraître en un temps record, les cinquante premiers " Fascicules d' Enseignement de la Poesie fonctionnelle", n' eurent recours qu' aux savoir et savoir - faire de l' Elève diplomé English 102, pour la traduction anglaise des poèmes de Moè Messavussu.

Nous présentons au public toutes nos excuses pour les imperfections plutôt criantes, et espérons une future meilleure seconde édition.

LES ÉDITIONS BLEUES

Note from the BLUE EDITIONS

We sincerely think that THE BLUE EDITIONS, ordered to publish in a short time the first fifty Installments of the functional Poetry, turned to the learning and expertise of English 102 Graduate' s Student, for the English version of Moè Messavussu' poems.

We apologize to the public for the imperfections rather blatant, and hope a future better seconde editon.

LES ÉDITIONS BLEUES

Table des matières

Préface..Page 3
Le mot des EDITIONS BLEUES...........Page 7
Le modèle de l'Etat de Droit..................Page 11
Un Peuple béni..Page 15
Les Défenseurs de la Liberté................Page 19
Les Promoteurs de la Paix....................Page 23
Les Promoteurs des Droits de
l' Homme... Page 27
Les Régulateurs providentiels du
Monde..Page 33
Le symbole de la Puissance
économique..Page 37
Le Modèle économique parfait.............Page 41
L'Emancipateur des Peuples................Page 51
Le Respect de DIEU...............................Page 55
L' Organigramme de la Poésie
fonctionnelle..Page 61
La Réconciliation Nationale Togolaise
en actes..Page 71
Le "petit cœur à Ignace".......................Page 79

Table of contents

Foreword.. Page 5
Note from THE BLUE EDITIONS.......... Page 8
The State of Right's model...................Page 13
A consecrated People..........................Page 18
The Champion of Freedom...................Page 21
The Instigators of Peace......................Page 25
The Human Rights's Instigators..........Page 31
The Providential Regulators of the
World.. Page 35
The symbol of economic Power...........Page 39
The perfect economic model................Page 45
People's Emancipation.........................Page 53
The respect of God...............................Page 57
The Flow chart of the functional
Poetry..Page 65
The Togolese National Reconciliation
In acts...Page 75
The "little heart of Ignace"..................Page 81

Le Modèle de l' Etat de Droit

(Les Américains constituent l' Etat-Nation modèle de l' Etat de Droit, de la Démocratie et de la Liberté)

Tout comme au "Paradis Céleste", en ce moment même, l' Etat de Droit, la Démocratie pour le Peuple et la Liberté pour tous sont les "mots d'ordre" pour organiser durablement la vie politique, sociale et économique dans le "Royaume Divin Celeste", sans le Roi, l' inconnu perpétuel, les Américains s'efforcent de gouverner leur pays le plus parfaitement possible.

Tout comme au "Paradis Céleste", en ce moment même, le "Royaume Divin Céleste" sans DIEU, inconnu de ladite Humanité Céleste depuis le "Commencement", admet une structure étatique fédérale englobant le"nombre universel alfa" "Mondes Célestes",les Americains ont conçu une structure fédérale américaine englobant les cinquante Etats de l' Union Américaine.

Tout comme au "Paradis Céleste', en ce moment même, le "Royaume Divin Celeste",[sans son Créateur l'ayant justement abandonné pour les mêmes raisons que celles concernant les deux premiers êtres humains crées au Commencement de l'Histoire humaine Terrestre,] organise la vie humaine dans l' Espace -Temps Céleste comme un "Parlement dans lequel viennent s'exprimer librement les Représentants de la totalité des "Collectivités humaines Célestes" et ceux de tous les "Courants d'Opinion", les Américains ont mis en place le meilleur système législatif qui soit au monde.

Tout comme au "Paradis Céleste", en ce moment même, le "Royaume Divin Céleste" sans son Guide spirituel et moral, préfère accorder la Liberté à tous depuis la naissance, les Américains ont compris qu' il vaut mieux libérer l' Humanité plutôt que de l' opprimer.

Un poème à vers répétitifs

Chicago, le 23 février 2002

The State of Right's model
(The American People constitutes the model of State of Right, democracy, and freedom)

Like in Paradise, at the same moment, State of Right, Democracy for the People, and freedom for All, are the watchwords for lastingly organizing political, social, and economic living in the
Heavenly divine Kingdom without the King, the perpetual stranger, the American People makes an effort to govern their country the most perfect as possible.

Like in Paradise, at the same moment, the Heavenly divine Kingdom without God unknown of this Heavenly humanity since the beginning, makes one Federal State Structure including the Heavenly Space-Time compound of the Universal number alfa Heavenly Worlds, the American People conceived one Federal Structure including the American Union' fifty States.

Like in Paradise, at the same moment, the Heavenly divine Kingdom, [without its Creator, who just abandoned it, for the same reasons as for "Adam and Eva " in the beginning of the Earthly human hHstory,] organizes the human living as a Parliament where men and women representing the whole of the Heavenly human Communities and all Currents of Opinions, freely express, the American People instituted the best Legislative System in the world.

Like in Paradise, at the same moment, the Heavenly Divine Kingdom without its spiritual and moral Guide, prefers to grant freedom for All since their birth, the American People understood that it is better to free the humanity instead of oppressing it.

A poem in repetitive verses

DeKalb, February, 24, 2002

Un Peuple béni
(Les Américains prouvent tous les jours qu'ils sont un Peuple béni de Dieu)

   Au Commencement des Temps Spatiaux Temporels Éternels, tout comme aujourd'hui, le Sort désigna un seul Etre pour forger l'Histoire de l'"Etat-Nation Espace-Temps Eternel" à venir, et lui a donné le nom de "Toute la Lumière du Ciel qui s'est fait Homme".
   Le nom de "Toute la Lumière du Ciel qui s'est fait Homme" paraissant ambigü à son porteur, celui-ci fit plus tard le "rêve prémonitoire" lui faisant comprendre, courant Novembre 1986, qu'après avoir créé, tout seul, le "Paradis Céleste", à partir de rien, puis l' "Univers Alfa", il s'est incarné enfin pour engendrer, à partir de la Terre, l'infinitude d'Univers merveilleux futurs.
   Réalisant toujours très difficilement si je suis Dieu-le Tout-Puissant dont parle l'Humanité entière ou simplement un Ange bien énigmatique, je fis plus tard un autre "rêve prémonitoire" m'encou
rageant à ne pas me soucier de l'Humanité et de ce qu' elle pense de moi, et surtout de continuer à rédiger mes œuvres littéraires et scientifiques.
   Les Américains qui m'accueillent aujourd'hui sur leur sol et que je bénis, me prouvent tous les

jours qu'ils veulent que je gagne avec eux.

Un Poème à vers rompus

DEkalb, le 25 février 2002

A consecrated People
(American People proofs everyday that they are blessed from God)

In the beginning of the Eternal Space - Time Times like today, the fate elected only one Being for to forge the whole Eternal Space - Time History to come, and named him " The Whole Heavenly Intelligence made Man ".
The name " The Whole Heavenly Intelligence made Man " looking ambiguous to the person who bears it, this one had later a premonitory Dream making him understand today that after having created quite alone the " Heavenly Paradise " from anything, then the " First Universe ", he became incarnate at last for to father from the Earth, the infinite future wonderful Universes.
Realizing always with difficulty if I am "God the Almighty" people are talking about or simply an enigmatic Angel, I had later another premonitory Dream which encouraged me to never care about Humanity and what it thinks about me, and specially to keep writing my literary and scientific Works.
The American People who welcome me today in their ground and which I bless, proves to me

everyday that they want I win with them.

A poem in broken verses

DeKalb, February, 25, 2002

Les Défenseurs de la Liberté

(Les Américains sont glorifiés comme les défenseurs de la Liberté dans le monde)

Le plus beau cadeau que Dieu - le Tout-Puissant fait aux Américains, est de consacrer ce Peuple le Défenseur de la Liberté dans le monde.

Etre désigné par Dieu comme les Défenseurs de la Liberté dans le monde, signifie que les Américains n'hésiteront jamais une seconde pour partir en guerre contre tout Groupement humain, tout Etat ou tout groupe d' Etats qui s'amuseront à nier le Libéralisme économique, politique, social, et autres jusqu'au point de poser des actes de sabotage ou de destruction systématique dudit système.

Ladite qualification des Américains à donner leur vie pour la Défense de cette cause si chère à DIEU, procède naturellement de la bénédiction divine qui comble ce Peuple.

Le genie militaire des Américains, loin de servir le Mal et l'Obscurantisme, gagnerait infiniment plus s'il s'employait dès à présent à pacifier profondément et à humaniser le monde.

Un poème à vers scellés

De Kalb, le 7 mars 2002

The Champion of Freedom

(The American People glorified as Freedom's Champions in the world)

    The most beautiful gift from God to American People, is to establish them the " Champion of Freedom " in the world.
    To be designated by God as " Champion of Freedom " means that American People will never hesitate to launch into war against any human group, State, or group of States which would play to deny economic, political, social, and other liberalism to the point to lay down acts of sabotage, or systematic destruction of this System.
    This qualification of the American People for giving their life to defend this cause so precious to God, comes from a blessing which fills this People.
    The American army genius, far from serving evil and obscure things, would win immensely more if it is applied now to profoundly pacify and humanize the World.

A poem in sealed verses

DeKalb, March, 7, 2002

Les Promoteurs de la Paix

(Les Américains sont honorés comme les Instigateurs de la Paix et de la Concorde universelles)

La Vie dans le "Paradis Terrestre Retrouvé" chantée par la poésie de Moè Messavussu admet pour devise: "Paix, Amour, Liberté".

En effet, la Liberté est entièrement donnée aux hommes et aux femmes par DIEU afin qu'ils puissent accomplir leurs destinées sans entraves dans un monde de paix où ils doivent apprendre à se connaître mutuellement et à s' aimer.

Mais ce monde de paix et de concorde universelles étant un Rêve, il conviendrait que l' Etat-Nation le plus puissant du Monde que constituent les Américains, ose participer à l' Organisation du Monde en tant qu'une "Grande Famille Humaine"
tout court.

Ce courage politique qui ne fait sans doute pas défaut aux Américains, sera totalement prouvé lorsque l' Etat-Nation américain soutiendra sans réserve, l'instauration de l'Etat de Droit, la Démocratie et la Liberté dans tous les Pays du Monde sans exception, de même que la suppression de la pauvreté sur la Planète grâce à une bonne Politique d' Investissement américaine.

Un poème à vers scellés

DeKalb, le 7 mars 2002

The Instigators of Peace

(The American People honored as the Instigators of universal Peace and Concord)

   Life in the " Recovered Garden of Eden " telling by Moè Messavussu' Poetry makes as motto :
" Peace, Love, Freedom ".
   In fact, Freedom is wholly given to men and women by God so that they accomplish their destiny without hobbles, in a peaceful World where they would learn to understand and love each other.
   But, because this World of peace and concord is a Dream, the most powerful State - Nation which is the American People, has to organize the World as quite one " Big Human Family ".
   This political courage which is not lacking in American People, will definitely be proved when
the United State of America will unreservedly
support the institution of State of Right, Democracy, and Freedom in every Country without exception, in the World, just as the elimination of poverty, by means of a great American Investments' Policy, on Earth.

A poem in sealed verses

DeKalb, March, 07, 2002

Les Promoteurs des Droits de l'Homme

(Les Américains ordonnent bel et bien le respect des Droits de l'Homme dans le Monde)

S'il est vrai que l'Auteur de ces poèmes **à vers répétitifs, cycliques, multiples, paraboliques, scellés, conjugués, rompus, enchaînés, manquants et égaux,** est un Rêveur réalisant sans cesse ses rêves, l' Humanité finira par comprendre que celui-ci a déja apporté les preuves de son identité et de son innocence.

Les preuves s' entendant comme la démonstration par un Ecrivain qu' il vit constamment en "rêves prémonitoires", depuis la nuit du 7 au 8 Novembre 1986, tous les faits qui se produiront dans son existence dès son réveil, il est normal que ledit Ecrivain qui ne fait que narrer sa vie, montre par là son identité réelle. Ce constat amène à croire également que le mode d'expression divin est une preuve de l'innocence de l'Ecrivain.

L' innocence de l' Ecrivain atteste sans doute la principale caractéristique de Dieu, par définition insondable. Cette insondabilité signifie que Dieu reste un mystere pour sa propre personne jusqu'à ce qu' un rêve prémonitoire lui donne la réponse à la question qu'il se pose. La première question qu' il se pose étant d'où vient le rêve prémonitoire, la réponse en est que ceci est un produit du travail de son Âme. La seconde question que DIEU se pose quant à l'Origine de son Ame, voire de tout son être, reçoit la réponse que ses "Parents Célestes" sont "Rien et tout l'Espace infini".

Mais, puisque la foi en ce "Rien" et tout l' "Espace infini", ordonne automatiquement chez l'- être humain l' insoumission à DIEU, voire la tentation de détruire celui-ci dont il est jaloux, j'en appelle à la raison humaine et déclare ce qui suit:

Premièrement, j'ai choisi les Etats Unis d' - Amérique comme Pays- Refuge car je sais que les Américains ordonnent bel et bien le respect des Droits de l' Homme dans le Monde et qu'ils ne me livreraient pas à un quelconque bourreau, qu' il me plaira de dénoncer par mes Écrits.

Deuxièmement, je sais aussi que nul Ecrivain n'a jamais été inquiété pour sa vérité qu'il révèle par ses Écrits et qu'il s'applique à prouver avec tout le serieux requis et grâce à son talent d' Écrivain, ici aux États Unis d' Amérique.

Troisièmement, je sais aussi que nul Ecrivain, quelque soit d' ailleurs ses opinions, n' a jamais été arrêté, jugé coupable et jeté en prison pour le fait qu' il a osé penser ceci ou cela ici aux Etats
Unis d'Amérique.

Quatrièmement, je sais aussi que l'Écrivain, [parce qu' il tenu de vivre de son Talent et de son

Art, et qui imagine des livres de plus en plus exquis prônant tel mode de vie au détriment de tel autre,] ne s' est jamais vu interdit de publication ici aux États Unis d' Amérique.

Cinquièmement, je sais aussi que nul Écrivain convaincu de son Identité propre et du Message qu' il porte en lui, et qui proclame haut et fort ceci, ne s'est jamais vu interdit d'accéder aux médias publiques sous prétexte qu' il ne plaît pas aux Gouvernants, ici aux États Unis d' Amérique.

Sixièmement, je sais tout aussi pertinemment que nul Écrivain assumant pleinement son originalité et son unicité d' Écrivain et obligé comme tel de "monter aux crénaux" pour communiquer avec son public, ne s' est jamais vu interdit de conférences, de causeries-débats, et autres civilités sous prétexte qu' il gêne l' "Ordre établi", ici aux États Unis d' Amérique.

Septièmement, je comprends bien évidemment que pour toutes ces raisons, il est préférable que les tout premiers livres de l' Écrivain Joseph Moè Mesaavussu Akue soient connus à partir des États Unis d' Amérique et non ailleus.

Un poème à vers multiples

DEKalb, le 8 mars 2002

The Human Rights' Instigators

(The American People ordain really the enforcement of Human Rights in the world)

If it is right that the Author of these poems **in repetitive, cyclical, multiple, parabolic, sealed, conjugated, broken, chained, missing, and equal verses,** is a Dreamer which continually realizes his dreams, the humanity finally will understand that this one had already proved his divine identity and his innocence.

These proofs being the demonstration by a Writer that he constantly lived through his premonitory dreams since the night of 7 to 8 November 1986 all events that will occur in his life as soon as he wakes up, it is quite natural that this Writer, which just narrates his own life, shows by this way, his real identity. This report leads to think that the divine method of expression is an evidence of the Writer's innocence.

The Writer's innocence doubtless testifies the main characteristic of God, by definition un-

fathomable. This unfathomability means that God remains a mystery for himself until a premonitory Dream gives him the answer to his question. The first thing he would like to know being from where comes the premonitory dream, the answer is that this one is a product of the work of his Soul. The second think as for his Soul's Origin or even all his being, he would like to know, receives the answer that " God's Parents " are " Nothing and the
Whole infinite Space - Time ".

But since the faith in these " nothing and the Whole infinite Space - Time " organize automatically human being to be rebellious to God, or even the jealous human being to attempt to destroy this one, I appeal to the reason and declare as follows

First, I chose as my Refuge-Country the United State of America because I know that the American People organize well and truly human rights'
respect in the World, and will never hand me over to a torturer that I would like to denounce by my pieces of writing.

Secondly, I know also that any Writer had never been disturbed for his or her true that he or she reveals by the means of his or her writing, and that he or she applies with required seriousness and with writer's talent to demonstrate, here in United State of America.

Thirdly, I know also that any Writer whatever moreover his or her opinions, never was arrested, found guilty, and put in jail because he or she thought this or that, here in the United State of America.

   Fourthly, I know also that any Writer,[because he or she has to live on his or her Talent and Art, and which devises more and more exquisite books advocating such way of life to the detriment of such other, was never banned for publication here in United State of America.

   Fifthly, I know also that any Writer convinced of his or her own identity and message and which
loudly proclaims them, never was banned from
Public media on the pretext that the Government does not like him or her, here in the United State of America.

   Sixthly, I also pertinently know that any Writer which fully assumes his or her originality and
uniqueness, and so obliged to go to the battlements to communicate with his or her public, never was banned from conferences, and civilities on the pretext that he or she hampers Order,here in the United State of America.

   Sevenly, I obviously understand that for these reasons, it would be better for the Writer Moè
Messavussu to publish his first books in United State of America and anywhere else.

A poem in multiple verses

DeKalb, March, 8, 2002

Les Regulateurs providentiels du Monde

(Les Américains régulent aujourd'hui le Monde par la bonté ou non de leur Président élu)

    Le Sort aujourd'hui attribue aux Américains, [face à l' intransigeance des dictateurs endurcis sévissant dans le monde, et aux envies contre-nature et diaboliques des Néo - Colonisateurs éhontés refusant l' Emancipation des Peuples en voie de développement,] réside dans la volonté dudit Peuple Américain d' ordonner l'Emancipation desdits Peuples en question sans consulter au préalable les autres Grandes, Moyennes, et Petites Puissances règnantes.

    Le sort dorénavant attribué à tout Président élu Américain [face aux choix désastreux pour leurs Peuples mais profitables pour eux-mêmes et leurs proches, opérés par les Dictateurs au pouvoir dans le Monde, et face aux sombres desseins imposés aux Peuples néo - colonisés, par leurs Néo - Colonisateurs qui ne pensent qu'à leurs seuls intérêts,] consiste en la volonté américaine d' éradiquer ces fléaux de l' existence humaine par la politique des Sanctions économiques et autres, appropriées.

Un poème à vers répétitifs

DeKalb, le 8 mars 2002

The providential Regulators of the World

(The American People regulate today the World by the goodness of their elected President)

The lot today assigned to the American People [facing the intransigence of the hardened dictators acting ruthlessly in the World, and the against nature and devilish desires of the shameless colonizers refusing expanding countries' emancipa-
tion,] resides in the wish of the said American People to organize the emancipation of the Peoples in question, without first consulting other big, medium, and small reigning mighty Countries.

The lot now on allocated to any American elected President, [facing the disastrous choices for their people but profitable for themselves and their relatives made by dictators around the world, and facing the sombre intentions imposed to neo -colonized peoples by their neo - Colonizers who think to their only interests,] consists of the wish of American People to eradicate those scourges from human living by appropriate Sanctions' Policy.

A poem in repetitive verses
DeKalb, March, 8, 2002

Le symbole de la Puissance économique

(Les Américains symboliseront pour l'Eternité la puissance économique humaine s'ils peuvent instituer une "Caisse nationale d'allocation-chômage perpétuelle")

L' être humain à qui la Société refuse de donner à manger, à se vetir, à se loger, voire à assurer le même minimum vital pour sa famille propre, sous prétexte que celui-ci ou celle-ci est un chômeur notoire, devient automatiquement l'"ennemi mortel" de ladite Société.

Le chômeur notoire, à qui la Société bienveillante et humanisée donne régulièrement, tout à fait comme aux travailleurs, un minimum vital devant lui permettre de vivre avec sa famille propre, en attendant de retrouver un autre emploi, devient automatiquement l' "ami intime" de ladite Société dans laquelle il ou elle vit.

L' institution d' une "Caisse nationale d' allocation-chômage perpétuelle" qui prendrait en charge toute la population résidentielle sans travail et sans argent pendant tout le temps du chômage involontaire, et dans tous les pays du Monde, relève en meme temps de la charité humaine pure, et constitue une excellente mesure économique relançant la Production Nationale des Biens et des Services par la Demande Proportionnelle ordonnée par le pouvoir d'achat des chômeurs ainsi créé.

Cette mesure économique sublime censée à elle seule ordonner le "Paradis terrestre", n'est pas une incitation à la fainéantise, puisque tout être humain normal recherche sa propre valorisation par le travail, et le chômage restant pour lui ou elle toujours une fatalité bien douloureuse.

Aussi je demanderais à mon "Peuple adoptif", les Américains, de penser à l'application de ladite mesure économique afin que les États Unis d' Amérique demeurent la Premiere Puissance économique au Monde et le pays où il fait bon à vivre.

Un poème à vers paraboliques

Chicago, le 25 juillet 2005

The symbol of economic Power

(The American People will symbolize forever human economic power if they can institute a "National Life Social Security Office"

Human being that the Society refuses to feed, to dress, and to form even to provide for his or her family the same " vital Minimum ", on the pretext that he or she is a notorious unemployed person, automatically becomes a lethal enemy for this Society.

The notorious unemployed person whom the benevolent and humanized Society regularly, quite as for Workers, a " vital Minimum " allowing him to live with his or her family while looking for another job, becomes a " close friend " of this Society where he or she lives.

The institution of a " National perpetual Security Office " which would take charge of the whole residential population without job and money, during the time of involuntary unemployment, and in every country in the World, recover from a pure human charity just as it constitutes an excellent economic measure which boots the Production of Goods and Services by the Proportional Demand organized by the purchasing power of the unemployed persons in this way created.

This sublime economic measure supposed alone to cause the " Garden of Eden Refund ', is not an incitement to laziness, since any human being looks for his or her good self - image by the means of his or her work, and the unemployment remaining for he or her, a quite distressing inevitability.

Therefore I would ask to my adoptive People,
the American People, to think about the application of this economic measure, so the United States of America remains the first economic Power in the World, and the Country where it is good to be alive.

A poem in parabolic verses

Chicago, July, 25, 2005

Le Modèle économique parfait

(Les Américains représenteront pour l'Eternité le "modèle économique parfait" s'ils peuvent accompagner le libéralisme économique d' un système de protection sociale garantissant le bonheur pour tous)

Admettons que la "liberté de penser, d' entreprendre, de concevoir, de donner vie à une machine-outil nommée l' Entreprise, et de faire fonctionner et prospérer celle-ci par le travail humain, est le meilleur don que fit DIEU è l' Être humain qu' il créa à sa ressemblance.

Admettons que la production de la totalité des biens et des services utiles et nécessaires à une Nation donnée, confiée à son Etat est une aberration économique, et que celle - ci doit au contraire, être confiée exclusivement aux initiatives privées individuelles que compte l' Etat - Nation en question, et le cas écheant simplement régulée par ce dernier.

Admettons que l' Esprit d' entreprise est le meilleur garant de la prospérité économique de toutes les Nations.

Admettons que la prospérité économique pour une Nation donnée, ne pourra exister si le problème du Chômage et du Sous-Emploi ne trouvent de solution définitive par la Relance de la Production Nationale des Biens et des Services par la Demande des chômeurs et des chômeuses auxquels l' Etat - Nation garantira désormais un pouvoir d'achat permanent ou l'" Allocation-Chômage Perpétuelle".

Admettons que le facteur économique déterminant la Production des Biens et des Services utiles et nécessaires à une Collectivité nationale donnée, est bel et bien le "Bien-Etre Optimal" dudit Groupement humain; facteur qui, à son tour, assure l'enrichissement des Opérateurs économiques impliqués.

Admettons que les Sondages d'Opinions par le biais des Sciences Statistiques et autres, demeurent le meilleur moyen de détermination du "Bien - Etre social" et de son niveau objectif variant autour de son "Optimum".

Admettons que le souci majeur de l' Etat de Droit en matiere économique, est de maintenir la Nation en permanence audit niveau de "Bien - Etre Optimal".

Admettons que l'Etat de Droit américain observe parfaitement ledit principe quant à la Nation américaine, et ne demande qu' à l'améliorer et le généraliser à tous les pays au Monde dont il est dorénavant le "Responsable providentiel".

Il en résulte le raisonnement qui suit:

Premièrement, les manifestations-surfaces ou démonstratrices de la Puissance Américaine depuis la Deuxième Guerre Mondiale, ont toujours posé l' Etat - Nation Américain comme le dernier rempart des Peuples contre l' Obscurantisme, la tyrannie et toutes les formes de pouvoir politique destructeurs de la vie humaine.

Deuxièmement, aujourd'hui le 27 juillet 2005, la totalité des peuples colonisés de par le passé, ayant accédé bon an mal an à l' Indépendance mais qui restent extrêmement pauvres et agonisant sous les Régimes politiques pro-colonia- listes, demandent l'intervention providentielle Américaine dans le cours de leur histoire pour leur Délivrance.

Troisièmement, le Terrorisme s'exprimant par les attentats du type du 11 septembre 2001 faisant périr stupidement des hommes et des femmes absolument innocents, pour la revandication de pseudo -causes révolutionnaires, reste coupables en comparaison du Nationalisme - Globalisme Américain, porteur de la vraie Emancipation des Peuples.

Quatrièmement, le Bonheur réel auquel aspire tout être humain, passant nécessairement par sa libération de toutes les formes d' organisations sociales à savoir l' Etat-Nation, la Puissance publique, l'Administration publique, l'Entreprise, le mariage, la famille, etc, il va de soi que l' Etat non séparé de l' Eglise, de la religion, et de la foi est infiniment dangeureux pour la liberté individuelle.

Cinquièmement, l'Etat de Droit qui garantit, quant à lui, la séparation de tous les Pouvoirs formant l' Etat - Nation, devient ainsi la meilleure
forme possible d' organisation et d' administration de la " Chose publique ", puisqu' il laisse justement l' individu libre de s' auto-déterminer face à toutes les forces sociales, psychologiques et matérielles censées concourir à la réalisation de son " Bien -être social "

Sixièmement, Moè Messavussu, l' Auteur de la Poésie fonctionnelle qui s' engage dans une Action politique américaine dénommée le " Programme politique et électoral Moèiste ou libéral - pacifiste américain " et se donnant pour double
objectifs, l' instauration de la ' Caisse d' Allocation-Chômage Perpétuelle Américaine " et la mise en place et en état de fonctionnement de l' Etat de Droit dans la totalité des Pays au monde à l'instar de l' Irak, est, à juste titre fier des Américains puisqu' il est à présent et de fait un des leurs.

Un poème à vers paraboliques

Chicago, le 28 juillet 2005

The perfect economic model

(The American People will represent forever the "perfect economic model" if they can accompany economic Liberalism with a system of social protection guarantying the happiness for all)

    Supposing that the free enterprise, the freedom of thought, designing, realizing, promoting, creating a machine- tool named "Firm", and making it by human work working and flourishing, is the
best talent that God gave to human being created in his own resemblance.

    Supposing that the Production of all of Goods and Services useful and necessary to a given Nation, confided to its State, is an economic aberration, and that this one should, on the contrary, exclusively confided to individual private initiatives that allows the State in question, and if such is the case, regulated by this one.

    Supposing that enterprise mind is the best guarantee of the economical prosperity of all Nations.

    Supposing that the economic prosperity for a given Nation, will never exist if the problem of unemployment and underemployment can not been permanently resolved by the Booting of the Production of Goods and Services by the Demand of unemployed persons whom the State - Nation, from now on. will guarantee a permanent purchasing power or "Perpetual Unemployment' s Benefit".

Supposing that the economic factor which determines the Production of Goods and Services useful and necessary to a given National Community is well and truly " the Optimum Well - Being " of that human group, which factor, in its turn, makes the enrichment of implicated economic Operators.

Supposing that the Polls by the Statistics and others, remains the best ways to determine " Social Well - Being " and its level which varies around its "Optimum".

Supposing that the major concern of the State of Right as far as economics is concerned, is to permanently keep the Nation on that level of " Optimum Well - Being " up.

Supposing that American State of Right perfectly observes that principle as for American Nation, and wishes to improve and generalize it to all Countries whom they stay from now on, the "Historic Leader" in the World.

As a result :

First, expressions surfaces or proving since the Second World War American power, sat down

American State - Nation as the last rampart of Peoples against obscure political systems destroying human living.

Secondly, today July, 27, 2005, all of past colonized Peoples, which willy - nilly got to independence but stay extremely poor and dying under pro - colonialist political systems of Government, ask for a providential American intervention in the course of their history for their Deliverance,

Thirdly, terrorism expressed through attacks like the one of september, 11, 2001, killing stupidly men and women absolutely innocent, to claim revolutionary causes, remain guilty by comparison with the American National - Globalism, bringer of the true Peoples' Liberation, and Emancipation.

Fourthly, the real happiness to which aspire any human being consisting to its Liberation from any kinds of social Organizations namely the State - Nation, the Government, the Civil Service, the Enterprise, the School, the College, the University, the marriage, the Family, etc, the same goes for the State not separated from the Church and faith, is infinitely dangerous for individual Freedom.

Fifthly, the State of right which guaranties, as for its, the Separation of all Powers forming the State - Nation, so becomes the best type of organization and management of the " Public Thing" since it rightly lets individual, free to self -determine, faced all psychological and material social Organizations supposed to work toward the real

realization of its " Optimum social Well - Being ".
  Sixthly, Moè Messavussu, the Author of this first Installment of the Functional Poetry, who is committed in an American political Action named
" American political and electoral Moeist or Liberalist Pacifist Program ", and with the double objectives,the Establishment of the " American Perpetual Security Office " and the Installment
and Running of a State of Right in all countries in the World, following the example of irak, is rightly proud of the American People, since he is at present and in fact one of them.

A poem in parabolic verses

Chicago, July, 28, 2005

L' Emancipation des Peuples

(Les Américains seront toujours les Premiers s'ils restent favorables à l' Emancipation de tous les Peuples du Monde)

Admettons le présent des Peuples de l' ensemble des pays du Monde comme une réalite bien douloureuse, surtout pour les Pays économiquement pauvres.

Admettons le futur desdits Peuples comme la réalisation providentielle de leur légitime aspiration à leur Emancipation.

Admettons la seule Puissance au Monde qui, ouvertement, prône l'Emancipation des Peuples et leur droit à s' auto - déterminer face aux Puissances colonisatrices qui cherchent à les maintenir dans l' Aliénation et le Sous-Developpement, comme les États Unis d' Amérique.

Admettons que le National - Globalisme dont parlent les Américains aujourd'hui le 25 juillet 2005, vise à étendre l' Union amércaine à tous les Pays que compte le Monde entier.

Admettons que cet état d' esprit Américain rencontre l'assentiment et la bénédiction de Moè Messavussu.

Il en résulte le raisonnement qui suit:
Premièrement, le Salut du Peuple togolais dont est originellement issu Moè Messavussu, ne peut être opéré proprement que par les États Unis d'-Amérique au risque de voir ledit Peuple Togolais anéanti par les Puissances négatives qui l'assaillent.

Deuxièmement, l' Emancipation du Peuple Togolais qui passe nécessairement par l' Instauration et le maintien de l' Etat de Droit, la Démocratie, la Liberté sur tous les plans (économique, social, politique, et culturel), ne pourra se faire sans l' appui et le soutien des États Unis d' Amérique.

Troisièmement, la prière de tous les Peuples opprimés du Monde, rencontre la Volonté divine pour faire des Américains l' Espérance quant à la "voie humaine" pour parvenir à la Libération de tous les Peuples.

Un poème à vers paraboliques

Chicago, le 25 juillet 2005

People's Emancipation
(The American People will forever stay the First if they remain favorable to the Emancipation of all peoples in the World)

Assuming that the present of all Peoples of all Countries in the World is a very distressing reality, particularly for the economically poor Countries.
Assuming that the future of these Peoples as the providential realization of their rightful aspiration to Emancipation.

Assuming that the only one Power in the World which openly advocates Peoples' Emancipation, and the Right of Self - Determination of these ones facing colonizing Powers which search to keep them alienated and underdeveloped, as the " American People ".

Assuming that the " National-globalisms" [about which one talk today July, 25, 2005], aims to extend the American Union to all Countries in the whole World.

Assuming that this American state of mind meets Moè Messavussu' approval and blessing.

As a result:

First, the Salvation of Togolese People where Moè Messavussu comes from, can properly be done only by the United State of America, at the risk of seeing this People destroyed by negative Forces which attack it.

   Secondly, the Emancipation of Togolese People which passes through the Establishment and maintenance of State of Right, Democracy, Freedom, could not been done without the support and help of the United States of America.

   Thirdly, the prayer of all oppressed People in the world, meets God' s Wish for making the American People into the Hope as for the human way to reach the liberation of all People.

A poem in parabolic verses

Chicago, July, 25, 2005

Le respect de Dieu
(Les Américains donneront toujours à l' Humanité l'Espérance en un avenir humain meilleur s' ils respectent toujours autant Dieu)

Admettons que la phrase la plus lue sur les maisons, les voitures et les camions qui passent, les panneaux publicitaires et autres objects matériels figurant aux Etats Unis d' Amérique est: " God bless America! ".

Admettons que la première phrase, la plus entendue dans les conversations individuelles et collectives, entre les personnes physiques et à travers les médias, est " God bless you! "

Admettons que le Peuple le plus croyant en DIEU et le prouvant par le moindre de ses actes qu' il pose au fil des jours, est bel et bien " les Américains ".

Admettons que la foi en l' "Eternel - Dieu", qui se mesure effectivement par la volonté de refuser de nuire à l' être humain et d' aider à l' Edification du " Paradis Terrestre Retrouvé ", caractérise absolument les Americains, puisqu' Ils portent réellement le " Flambeau de la Civilisation humaine ", aujourd' hui le28 juillet 2005.

Admettons que Moè Messavussu, de naissance Catholic et fervant Croyant, et qui eut son premier Rêve miraculeux dans la nuit du 7 au 8 novembre 1986, en ce temps - là Etudiant en Sciences historiques à l' Université de Paris 1 Panthéon - Sorbonne, lequel Rêve merveilleux le figurant parfaitement en tant que l' "Eternel - Dieu-fait chair", comprend ses oeuvres littéraires et scientifiques actuelles et à venir comme l' expérimentation de la prémonition dudit rêve et de tous ceux non moins fantastiques qu' il eut par la suite.

   Admettons que le Moèisme ou le Système humain ordonné par l' ensemble des Idées formant l' ensemble des " Fascicules d' Enseignement de la Poésie fonctionnelle ", est une religion nouvelle figurant Moè Messavussu comme le Réalisateur en cours de l' " Etat - Nation Espace -Temps Éternel" ou le " Monde des Mondes des Cieux " ou tout simplement le " Royaume des Cieux " évoque par "Jésus de Nazareth", il y a deux mille huit ans déja.

   Admettons que le " Parti politique Moèiste " ou " Parti Libéral - Pacifiste " ou **" Parti Démocratique Américain admis aux Idées de Moè Messavussu "** , est une adaptation des Idées Célestes de Moè Messavussu aux Affaires américaines et humaines, tandis que les Affaires Célestes elles -mêmes, sont et resteront les affaires individuelles et personnelles de celui qui se comprend le " Roi régnant inné du Royaume des Cieux en construction quoiqu'absolument accompli en idées.

   Admettons que le secret de Moè Messavussu que personne n' a jamais voulu écouté parler, est

livré au public américain, en premier, qui l'apré- ciera.
 Il en résulte le raisonnement qui suit :
Premièrement, l' énigme divin présentant aujour - d'hui le 25 juillet 2005 et depuis la nuit du 7au 8 novembre 1986, Moè Messavussu en tant que la matérialisation de l' " Intelligence sublime, Origine et Source de l' Etat - Nation Espace -Temps Éternel et de la Vie ", s' impose en silence, et bientôt de manière fracassante comme la Surprise de tous les temps venant de la Providence, avec la parution au public des cinquante premiers " Fascicules d' Enseignement de la Poésie fonctionnelle ".

 Deuxièmement, Moè Messavussu qui n' aurait appris de la Providence qu' il est " Toute la Lumière du Ciel qui s'est fait homme ", que dans ladite nuit du7 au 8 novembre 1986 et à travers ses Rêves successifs, trouve la clé dudit énigme dans l' expression de son caractère, qui veut sa "Royauté Spatiale Temporelle Eternelle" étonnamment ordinaire et merveilleusement Céleste.

 Troisièmement,les preuves littéraires pour convaincre les Américains et le reste de l' humanite que Moè Messavussu est en vérité " DIEU en chair et en os " étant totalement fournies par les "Fascicules d' Enseignement de la Poésie fonctionnelle ", il ne reste plus à l' Auteur que de continuer à faire son "travail Céleste" et faire confiance du reste à l' intelligence remarquable du Peuple Américain.

Un poème à vers paraboliques

Chicago, le 30 juillet 2005

The respect of God

(The American People will give to humanity the hope of a better human future if they always respect so much God)

Supposing that the most read word on houses, cars, and trucks which pass, billboards, and other material objects figuring in the United States of America, is " God bless America ! ".

Supposing that the most heard phrase in individual and collective conversations between peoples and through the mass media, is " God bless you ".

Supposing that the most believer People, and which shows it through anything it does in the course of the days, is well and truly the American People.

Supposing that the faith in God that is effectively measured by the will to refuse to harm human being and to help to build the " Garden of Eden Refound ", absolutely is characteristic of the American People, since they carry the " Flame of
the human Civilization " today, July, 28, 2005.

Supposing that Moè Messavussu, born catholic and fervent Believer, and who got his first miraculous Dream in the night of 7 to 8 Novembe1986, at that time Student in historical sciences at the University of Paris 1 Pantheon - Sorbonne, which wonderful Dream perfectly represented him truly as " God in flesh ", understands his current and future literary and scientific works like the experimentation of the premonition of the said Dream, and all of the ones not less fantastic that he had afterwards.

   Supposing that the " Moèism " or all of the ideas forming all of the functional Poetry' s istallments, is a new religion representing Moè Messavussu like the current Director of the "State - Nation Eternal Space - Time " or the " World of the heavenly World " or the "Kingdom of Heaven" evoked by Jesus of Nazareth, two thousand and eight years ego.

   Supposing that the American " political Moèist Parti " or " liberal - pacifist Parti " or " **Democratic Parti converted to Moè Messavussu' ideas** ", is an adaptation of the " heavenly ideas " of Moè Messavussu to American and Human Affairs, while the " heavenly Affairs " themselves are and will remain individual and personal Affairs of the one that is understood the " innate Reigning King of the said " Kingdom of Heaven " in construction although absolutely accomplished in Ideas.

   Supposing that the secret of Moè Messavussu who no one ever wanted to let talking,, from now on is delivered to American public which will estimate it.

   As a result :

Firstly, the divine enigma representing today July,28, 2005, and from the night of 7 to 8 November,1986, as the carrying out of the " sublime Intelligence, Origin and Source of the " State - Nation Eternal Space - Time " and the Life, in silence stands out and soon thunderously, with the publication of the first fifty installments of the " Functional Poetry " .

Secondly, Moè Messavussu who providentially understood that he is " the whole light of Heaven in flesh " only in the night of 7 to 8 November 1986 through his Dream and the successive ones, find the key of the divine enigma in the expression of his personal character which wants his " heavenly Kingship " surprisingly ordinary, and wonderfully heavenly.

Thirdly, the "literary " evidences necessary to convince the American People that Moè Messavussu is truly " God in flesh " being totally provided by the " lessons Installments of the Functional Poetry ", the fact remains that the Author has to keep doing his heavenly work and besides trust the remarkable intelligence of the American People.

A poem in parabolic verses

Chicago, july, 30, 2005

L' Organigramme de la "Poésie fonctionnelle"

Considérons le nombre sublime des "Fasc-cules d'Ensignement de la Poésie fonctionnelle" disponible aux " EDITIONS BLEUES " aujourd'hui le 17 juillet 2008.

Admettons que si, aujourd'hui le 17 juillet 2008, vingt - un ans et cinq mois après la nuit miraleuse du 7 au 8 novembre 1986 [durant laquelle Moè Messavussu eut le rêve merveilleux qu' il est l' " Intelligence sublime, Origine et Source du Monde des Mondes des Cieux - fait chair "], celui - ci conçoit bien que Dieu le Tout - Puissant est sa personne mais de manière enigmatique, puisque personne ne l' a jamais reconnu comme tel, la "Poésie fonctionnelle", quant à elle, établit froidement ladite verité.

Admettons que la "Poésie fonctionnelle" ou la "Pensée miraculeuse de Moè Messavussu" entièrement délivrée par l' ensemble des "Fascicules d' Enseignement" est le "Pouvoir Royal Céleste" inné caractérisant le "Roi règnant du Monde des Mondes des Cieux".

Admettons que le "Roi règnant du Monde des Mondes des Cieux" est providentiellement couronné comme tel dans ladite nuit magique du 7 au 8 novembre 1986.

    Admettons que le pays où résidait Moè Messavussu à cette époque déterminée, la France, n'a malheureusement pas voulu de lui, puisque celui - ci quitta définitivement ledit pays
fin janvier 198/.

    Admettons que le Pays natal de Moè Messavussu où sévit une Dictature politique incroyable, ne veut point de DIEU - fait chair, puisque ledit régime politique refuse absolument
l'alternance pacifique.

    Admettons que le " Pays de Cœur " de Moè Messavussu, les États Unis d'Amérique, où l'-Auteur de la "Poésie fonctionnelle" peut publier son œuvre et en vivre, est finalement élu par la Providence le " Centre de l'Eden Retrouvé ".

    Admettons que le " Grand Livre de la Pensée Royale Céleste de Moè Messavussu ", raconte l'Épopée Terrestre et Céleste de celui - ci.

    Il en résulte le raisonnement qui suit:

    Premièrement, le fait que i' Etat - Nation Espace - Temps Éternel est strictement donné par la personne exclusive de Moè Messavussu est representée par les " POÈMES BIJOUX " ou les " BIJOUX DES ETATS UNIS D'AMÉRIQUE ".

    Deuxièmement, l'évidence mathématique qui veut que les États Unis d'Amérique servent do rénavant de " Locomotive " du " Train de tous les
Pays du monde " est illustré par les " POÈMES

BLEUS ".

Troisièmement, le nouvel éngme divin qui or -donne Moè Messavussu comme un outil dans les mains invisibles de "Dieu le Père " supposé immatériel à jamais, ceci dans la vie quotidienne, mais en tant que Dieu le Tout - Puissant en chair et en os à travers les livres miraculeux de celui - ci, est representé par " POËMES POUR L'AFRIQUE ÉTERNELLE ".

Quatrièmement, le fait aléatoire que Moè Messavussu est passionnément aimé d' infini femmes providentielles est representé par les " POÈMES VIOLETS ou d' AMOUR ".

Cinquièmement, le fait miraculeux qu'à partir des" POÈMES DIAMANTS " ou les " DIAMANTS À MOÈ ", Moè Messavussu est parfaitement capable, conformément à la "Loi de la Providence", de recréer sur Terre la Technologie sublime qui lui avait permis de fabriquer, à partir de rien, le "Monde des Mondes des Cieux" et de programmer l' extension éternelle dudit Monde, est bien une é-
vidence aujourd'hui le 21 juillet 2008.

Sixièmement, la vérité criante que l' incapacité des "Elites africaines" à restaurer l' "Afrique Eternelle"[par le biais de l'unification réelle des populations africaines, l' octroi de la liberté, la justice, et la prospérité à celles - ci] est une malédiction de l' "Esprit du Mal en personne" défunt, sur le Peuple Noir - Africain par vocation Moèiste, est représenté parles " POÈMES VERTS ou PHILOSOPHIQUES".

Septièmement, la volonté affichée de Moè Messavussu de ne faire confiance qu' en ses
"Rèves prémonitoires " témoins de l' expérimentation providentielle qu' il est bel et bien Dieu le Tout - Puissant, est représentée par les " POÈ - MES ORANGES ou ÉCONOMIQUES ".

Huitièmement, la Providence ou le Cours naturel des événements est représentée par les
" POÈMES JAUNES ou POLITIQUES ".

Neuvièmement, le constat que Moè Messavussu fut impitoyablement arraché à ses Etudes universitaires par l' "Esprit du Mal en personne" aujourd'hui détruit à jamais, avec l'intention d' anéantir celui - ci, est representé par les " POÈMES BRUNS ou COMMERCIAUX ".

Dixièmement, l' innocence, la révolte, et le pacifisme infini de Moè Messavussu quant au Mouvement humain et Céleste nommé le
"Moèisme" sont representés respectivement par les " POÈMES BLANCS ou INTRODUCTIFS ", les " POÈMES ROUGES ou de CONCLUSION ", et les " POÈMES NOIRS ou INTERDITS ".

Un poème à vers paraboliques

Chicago, le 23 juillet 2008

The Flow Chart of the functional Poetry

Considering the sublime number of the " lessons Installments of F unctional Poetry " available by the BLUE EDITIONS, today July, 17, 2008.
Assuming that, if today July, 17, 2008, twenty one and five months after the miraculous night of
7 to 8 November, 1986, [during which one Moè Messavussu dreamt that he is " the sublime Intelligence, Origine and Source of the World of the heavenly World - in flesh "], this one understands
well and truly that God the Almighty is his person, but in a enigmatic way, since nobody ever recognized him like this one, the " functional Poetry ", as for it, establishes colly the said true.
Assuming that the said " Functional Poetry " or the " miraculous Thought of Moè Messavussu " entirely delivered by all of the " Lessons' Installments ", is the " innate Heavenly Royal Power ", characteristic of the " Reigning King of the World of the heavenly World ".
Assuming that the " reigning King of the World of the heavenly World " is providentially crowned such as in the magic night of 7 to 8 November 1986.
Assuming that the country where lived Moè

Messavussu at this given time, France, unfortunately did not want him, since this one for good left the said country at the end of January 1987.

Assuming that the Home Country of Moè Messavussu where an incredible political dictatorship ruthlessly acts, do not want " God in flesh", since the said political Regime, absolutely refuses peaceful alternation.

Assuming that the " Heartland Country " of Moè Messavussu, the United States of America,where the Author of the " Functional Poetry " could publish and live on his work, providentially is elected the " Heartland of the Refound Garden of Eden ".

Assuming that the " Great Book of the Royal heavenly Thought " of Moè Messavussu, tells theEarthly and Heavenly Story of this one.

As a result :

First, the fact that the State - Nation EternalSpace - Time is given by the exclusive person of
Moè Messavussu, is represented by the " GEMS POEMS " or the " GEMS FROM THE UNITED STATE OF AMERICA ".

Secondly, the mathematical evidence which wants that the United State of America serves as
the Moving Force of the " Train of all of the Countries in the World " is illustrated by the " BLUE
POEMS ".

Thirdly, the new divine enigma which ordains Moè Messavussu as a tool in the hands of " God

The Father " supposed forever immaterial, in the Daly life, but as God the Almighty in flesh through his miraculous books, is represented by " POEMS FOR ETERNAL AFRICA ".

Fourthly, the random fact that Moè Messavussu is beloved by infinite providential women, is represented by the " PURPLE or LOVE POEMS ".

Fitly, the miraculous fact that from the " DIAMONDS POEMS " or the " MOE'S DIAMONDS ", Moè Messavussu is perfectly able, in accordance with the providential Law, to recreate on Earth the same Technology which permitted him to create from nothing, and by his own hands, the World of the heavenly Worlds, and to program the extension of the said World, is well an evidence, today July, 21, 2008.

Sixthly, the yelling truth that the inability of African Elites to restore the " Eternal Africa " [by means of real Unification of African populations, Freedom, Justice, Prosperity granted to these ones],is a curse of deceased Evil on the Black African People, by vocation Moèist, is represented by the " GREEN or PHILOSOPHICAL POEMS ".

Seventhly, the asserted will of Moè Messavussu to trust only his " premonitory Dreams, witnesses of providential experimentation that he is well and truly God the Almighty, is represented by the "ORANGE or ECONOMICAL POEMS ".

Eightly, the providence or natural flow of Events, is represented by the " YELLOW or POLITICAL POEMS ".

ninthly, the acknowledgement that Moè Messavussu was mercilessly snatched by deceased Evil from his University Studies , to intend to annihilate this one, is represented by the " BROWN or COMMERCIAL POEMS ".

Tenthly, Moè Messavussu' innocence, revolt, and infinite pacifism as for human and heavenly Movement called the " Moèism ", are respectively represented by the " WHITE or INTRODUTORY POEMS ", " RED or CONCLUSION POEMS ", " BLACK orFORBIDDEN POEMS ".

A Poem in parabolic verses

Chicago, July, 23, 2008

La Reconciliation Nationale Togolaise en actes

Considérons le mythe de Dieu le Tout - Puissant et la réalite de Moè Messavussu.

Admettons que le régime politique togolais [qui " aurait enterré vivante " la transparence politique obligatoire à tout Etat de Droit, tiré à balles réelles sur la population civile désarmée à maintes reprises par le passé, et tue continuellement la Démocratie véritable au Togo, le Pays natal de celui qui est proclamé par la Providence Dieu le Tout - Puissant-fait chair,] doit etre balayé de la surface de la Terre par la Justice.

Admettons que la Justice prônée absolument par la "Pensée authentique de Dieu le Tout - Puissant", dénommée la " Poésie Fonctionnelle ", apparaît comme ce que déteste le plus le Régime politique anti - Togolais et anti - Moèiste sévissant au Togo.

Admettons que l' ensemble des " Fascicules d' Enseignemsnt de la Poésie Fonctionnelle " est haï par ledit régime du "défunt Esprit du Mal en personne" et du feu" Colombe de la Paix, le Général d' Armée Gnasimgbé Eyadema ".

Admettons qu' en publiant l' ensemble des " Fascicules d' Enseignement de la Poésie fonctionnelle,

Moè Messavussu est plus que jamais en exil aux États Unis d' Amérique.

Admettons que la "Réconcilliation Nationale Togolaise" passe par le rétablissement de la Justice au-Togo par l' Organisation des Nations Unies, l' Union Africaine, les Etats Unis d' Amérique et toutes les Puissances humaines éprises de liberté, de Démocratie véritable, de paix et de Justice.

Il en résulte le raisonnement qui suit:

Premièrement, en comprenant qu' il est innocemment révélé Dieu le Tout - Puissant - Créateur et Roi règnant du Monde des Mondes des Cieux, Moè Messavussu qui croit qu' il est nécessaire de prouver continuellement et toujours mieux, ladite vérité ou " identité fonctionnelle ", déclare qu' il est capable d' allumer l' astre dénommé le Soleil, en miniature ou en grandeur nature, tout comme à l' Origine des "Temps Célestes", de même que de

fabriquer, à partir de rien, n' importe quel élément formant la "Réalite totale" ou le "Monde des Mondes des Cieux et la Vie eternelle".

Deuxièmement,l' "Humanité maudite ou "anti - Moè Messavussu" qui s' élimine automatiquement du " Royaume des Cieux accompli " en se considérant mortelle et égocentrique, peut, à tout moment, se repentir et redevenir Moèiste donc Im-.
mortelle.

Troisièmement, la "Poésie Fonctionnelle" ou la "Pensee de Moe Messavussu" porte en son sein le

Monde des Mondes des Cieux qu' elle a materialisé déja en son infinième partie formant le Monde visible.

Quatrièmement, les Etats Unis d' Amérique, le " Pays de Cœur " de Moè Messavussu protège de fait celui - ci et ses œuvres actuelles, puisque le Régime politique togolais de l' heure ne veut pas de Dieu le Tout - Puissant et les " Fascicules d' Enseignement de la Poésie fonctionnelle "

Cinquièmement, la "Reconciliation Nationale Togolaise" [que l' ensemble des Populations togolaises,dont une large partie vit en exil, un peu partout sur la planète Terre], réclame, est une revendication de Moè Messavussu devant les Nations Unies, l' Union Africaine, les Etats Unis d' Amérique et les Puissances formant l' Humanité.

Sixièmement, l' Organisation des Nations Unies, l' Union Africaine, les Etats Unis d'Amérique, et les Puissances humaines éprises de Liberté, de Démocratie authentique, de Paix, et de Justice doivent impérativement commencer dès aujourd'hui le14 juillet 2008 à œuvrer concrètement afin de parvenir à ce noble résultat de rétablissement de l'Etat de Droit sincère au Togo.

Septièmement, pour parvenir à ce noble résultat de Restauration de l' Etat de Droit authentique au Togo, Moè Messavussu décida de sortir de l'-anonymat et de l' isolement en publant aux
" EDITIONS BLEUES ", et à Chicago, l' ensemble

des "Fascicules d' Enseignement de la Poésie Fonctionnelle à partir du mois de janvier 2009.

Huitièmement, ladite principale Occupation professionnelle de Moè Messavussu est promue providentiellement à sa "Fonction Royale Céleste" salutaire authentique.

Neuvièmement, il ne fait plus de doute que Dieu le Tout - Puissant prouve aujourd'hui le 14 juillet 2008 qu' il est Moè Messavussu l' " **Homme Noir - Africain de Paix, d' Amour et de Liberté** ".

Un poème à vers paraboliques

Chicago, le 14 juillet 2008

The Togolese National Reconciliation in acts

Considering the myth of God the Almighty and the reality of Moè Messavussu.

Assuming that Togolese political Regime which had buried political transparency, obligatory to any State of Right, real bullets shooted disarmed Civil Populationseveral times in the past, and continually kills real Democracy in Togo, Home Country of the one that is providentially proclaimed " God the Almighty in flesh ", must be swept away by Justice from Earth..

Assuming that Justice absolutely advocated by God's genuine Thought called the " Functional Poetry ", looks like what the anti - Togolese and anti - Moèist Regime acting ruthlessly in Togo, the most hates.

Assuming that all of the " lessons Installments of the Functional Poetry " are detested from the said Regime of deceased Evil and the late " Dove of peace ", War's General Gnassimgbe Eyadema.

Assuming that by publishing all of the " lessons Installments of the Functional Poetry ", Moe Messavussu, more than ever remains the reigning King of the World of the heavenly World exiled in the United State of America.

Assuming that the Togolese National Reconciliation goes through Justice' s Rrestoration by the United Nations, the African Union, the United States of America, and all of the human Powers in love with Freedom, true Democracy, Peace, and Justice, in Togo.

As a result :

First, understanding that he is providentially and innocently revealed God the Almighty, the Creator and " Reigning King " of the World of the heavenly World, Moè Messavussu who believes that it is necessary continually and more and more to prove the said truth or "functional identity", declares that he is able to manufacture the star called the Sun, in miniature or in life-size like in the Origin of the heavenly Times, just as to make from nothing any element constituent of the "Total Reality" or the "World of the heavenly World and eternal Life".

Secondly, the damned humanity or anti-Moèist which automatically eliminates itself from the accomplished Kingdom of Heaven or the State-Nation Eternal Space-Time since it takes itself mortal and self-centred, could, at any time, repent and become Moèist and so immortal.

Thirdly, the "Functional Poetry " or " Thought of Moè Messavussu " carries within its the World of the heavenly World that is realized in its infinitesimal part forming the visible World.

Fourthly, the United States of America, the "Heartland Country" of Moè Messavussu, in fact protects this one and his present works, since
Togolese political Regime right now do not want " God the Almighty-in flesh " and his " Lessons' Installments of Functional Poetry ".

Fifthly, Togolese National Reconciliation that all of the Togolese populations, which wide part lives abroad, asks for, is a request of Moè Messavussu in the front of the United Nations, the United States of America, and all of the Powers forming humanity.

Seventhly, for restoring genuine Democracy in Togo, Moè Messavussu decided to come out of his anonymity and isolation by publishing by " Les Editions Bleues " in Chicago, all of the " Lessons' Installments of Functional Poetry, from January, 2009.

Eighthly, the said main Activity of Moè Messavussu is providentially promoted to his genuine salutary Royal heavenly Post.

Ninthly, it is no doubt that God the almighty proves today July, 14, 2008, that he is Moè Messavussu- the **Black African Man of Peace, Love, and Freedom**.

A poem in parabolic verses

Chicago, July, 14, 2008

Le "petit cœur" à Ignace

On dit qu' à Lomé, le transit est très florissant. Une preuve en est que Ignace, qui n' a même pas encore reçu son Agrément, est un Déclarant en Douanes multi - millionnaire.

On dit qu'à Lomé, le Commerce international africain admet une de ses plus grandes plates - formes, puisque le Port en eaux profondes de Lomé réalise un chiffre d' affaires plutôt colossal.

On dit qu'à Lomé, on trouve un des plus grands Pôles d'Organisation de l' Économie mondiale, puisque les " Nanas - Benz " Loméennes (Revendeuses de pagnes très riches) restent extrêmement difficiles à détrôner.

On dit qu'à Lomé, le problème du banditisme et du vol à mains armées ne se pose guère, puisque l' Administration togolaise est un des plus efficaces au monde.

On dit qu'à Lomé, le " business " est toujours au " top niveau ", puisque Lomé n' attire que les "business - men and women " les plus sains au monde.

On dit qu'à Lomé, on trouve également les marchés africains les plus jolis et les plus propres de toute l' Afrique.

On dit qu'à Lomé, se tiennent régulièrement les

Conférences les plus importantes pour l' avenir du Continent Africain et des Pays des Caraïbes et du Pacifique.

On dit qu'à Lomé, réside un " paradis fiscal " pour les Petites et Moyennes Entreprises de nationalité togolaise, voire étrangère.

On dit qu'à Lomé, se réalise, petit à petit, une Métropole internationale comparable à Washington, Moscou, ou Pekin.

On dit qu'à Lomé, la capitale sans doute la plus tranquille au monde, réside une Colombe de la paix nommée le Général d'Armée Gnassimgbé Eyadéma.

Un poème à vers répétitifs

Lomé, le 17 mai 1988

The "little heart" of Ignace

As the saying goes, in Lomé the Transit is very flourishing. One such proof is that Ignace, who still did not have his assent from the Government, is a multimillionaire Declarant in Customs.

As the saying goes, in Lomé international African Trade makes one of its biggest plat- forms, since the Port in the profound waters of Lome achieves a rather colossal turnover.

As the saying goes, in Lomé one finds one of the biggest economic Centers in the World, since the" Benz Ladies " (very rich Togolese sales women who specially sell loin- cloth) stay extremely hard to dethrone.

As the saying goes, in Lomé they do not have to be faced with problems of crime and armed robbery, since the Togolese Administration is one of the most effective in the world.

As the saying goes, in Lomé business is always on top, since Lomé attracts only business men and women soundest in the world.

As the saying goes, in Lomé one finds the most suitable and attractive African markets in all of
Africa.

As the saying goes, in Lomé regulary held Conferences are the most important for African

Continent and Caribbean and Pacific Countries' Future.

As the saying goes, in Lomé, there resides a Fiscal Paradise for the little and middle Firms of Togo or even foreign.

As the saying goes, in Lomé an international metropolis comes true little by little, comparable to Washington, Moscow, or Peking.

As the saying goes, in Lomé, the most peaceful Capital in the world, lives a "Dove of peace" named " War' s General Gnassingbé Eyadéma ".

A poem in repetitive verses

Lomé, May, 17, 1998

En parution aux EDITIONS BLEUES

" les Bijoux des Etats Unis d'Amérique "
Fascicule 2 : D' Elmina à Dégbénou
Fascicule 3 : De Dégbénou au "Royaume des Cieux accompli"
Fascicule 4 : Les Projects scientifiques Royaux Célestes

" Poèmes Bleus "
Fascicule 1 : Le Règne éternel de Moè Messavussu sur l' Etat - Nation Espace - Temps éternel
Fascicule 2 : Les justifications de la séparation des Pouvoirs humains et Royal - Celeste
Fascicule 3 : Le Travail Royal - Céleste et le Travail Présidentiel humain
Fascicule 4 : La Glorification Céleste providen - tielle de Moè Messavussu
Fascicule 5 : La Glorification Céleste providen - tielle de l' Humanité
Fascicule 6 : La Coopération entre les Etats - Nations humains et l' Etat - Nation Espace - Temps éternel

" Poèmes Blancs ou introductifs "

" Poèmes Rouges ou de conclusion "

" **Poèmes Violets ou d'amour** "
Fascicule 1 : Mes amours de jeunesse
Fascicule 2 : Les " Pilliers du Royaume des Cieux accompli "
Fascicule 3 : La Famille Royale - Céleste
Fascicule 4 : Les Anges ou les Compagnons de Moè Messavussu
Fascicule 5 : Le Peuple Céleste de DIEU
Fascicule 6 : L' Humanité

" **Poèmes Noirs ou interdits** "

" **Poèmes Jaunes ou politiques** "

" **Poèmes Verts ou philosophiques** "

" **Poèmes Oranges ou économiques** "

" **Poèmes Bruns ou commerciaux** "

Les " Diamants a Moè "

Dégbénou' s History

Poèmes pour l'"Afrique éternelle"

In publication at LES EDITIONS BLEUES

The Gems of United States of America
Installment 2 : From Elmina to Degbenou
Installment 3 : From Degbenou to the accomplished Kingdom of Heaven
Installment 4 : The Royal Heavenly scientific Projects

" **Blue Poems** "
Installment 1 : The eternal Reign of Moè Messavussu upon The State - - Nation Eternal Space - Time
Installment 2 : The justifications of the royal heavenly and human Powers' separation
Installment 3 : The Royal Heavenly Work and the human presidential Work
Installment 4 : The Providential Heavenly Glory of Moè Messavussu
Installment 5 : The Providential Heavenly Glory of the Humanity
Installment 6 : The Collaboration between Human States - Nations and the eternal State - Nation Space - Time

" **White or introductory Poems** "

" **Red or close Poems** "

" Purple or love's Poems "

Installment 1 : My youthful love
Installment 2 : The " Pillars of the accomplished Heavenly Kingdom "
Installment 3 : The Royal Heavenly Family
Installment 4 : The Angels or Companions of God
Installment 5 : The Heavenly People of God
Installment 6 : The Humanity

" Black or forbidden Poems "

" Yellow or politic Poems "

" Green or philosophical Poems "

" Orange or economic Poems "

" Brown or trade Poems "

" Moe's Diamonds "

Degbenou's History

Poems for "Eternal Africa"

Achevé d'imprimé en Janvier 2009 par
LES EDITIONS BLEUES
mmessavussu@gmail.com
moemessavussu@hotmail.com

Dépot légal : 1er trimester 2009
Numéro d'éditeur : 2-913-771
Imprimé aux Etats Unis d'Amérique

Utterly printed in January 2009 by
LES EDITIONS BLEUES
mmessavussu@gmail.com
moemessavussu@hotmail.com

Copyright registration : 1st quarter 2009
Publisher' s Number : 2-913-771
Printed in the United State of America

www.ingramcontent.com/pod-product-compliance
Lightning Source LLC
Chambersburg PA
CBHW041803160426
43191CB00001B/17